ESTAMPES

ANCIENNES

PORTRAITS

École Française XVIIIe siècle

PIÈCES EN COULEUR; ILLUSTRATIONS, COSTUMES

LIVRES A FIGURES

Œuvres de Chodowiecki, Cuvilliés, Leprince, Troost

EXPLORATIONS DE L'ALGÉRIE; RAFFET INÉDITS

ESTAMPES MODERNES

DESSINS

Collection HISTORIQUE et par Maîtres

JOLIS TABLEAUX

VAN DYCK, LÉPICIÉ, SAINT-NON

FAYENCES DE HOLLANDE

VENTE

Les 26, 27 & 28 Mai 1862, à une heure précise.

EXPOSITION PUBLIQUE

Le Dimanche 25 Mai 1862, de une heure à quatre heures

Me DELBERGUE-CORMONT, | M. VIGNÈRES
Commissaire-Priseur. | Marchand d'Estampes.

PARIS — 1862

CATALOGUE
D'ESTAMPES

ANCIENNES

PORTRAITS

École Française XVIIIᵉ siècle

PIÈCES EN COULEUR; ILLUSTRATIONS, COSTUMES

LIVRES A FIGURES

Œuvres de Chodowiecki, Cuvilliés, Leprince, Troost

EXPLORATIONS DE L'ALGÉRIE; RAFFET INÉDITS

ESTAMPES MODERNES

DESSINS

Collection HISTORIQUE et par Maîtres

JOLIS TABLEAUX

VAN DYCK, LÉPICIÉ, SAINT-NON

FAYENCES DE HOLLANDE

DONT LA VENTE AURA LIEU

HOTEL DES COMMISSAIRES-PRISEURS
RUE DROUOT, 5, SALLE Nᵒ 3

Les Lundi 26, Mardi 27 et Mercredi 28 Mai 1862

A UNE HEURE PRÉCISE

Par le ministère de Mᵉ **DELBERGUE-CORMONT**, Commissʳᵉ-Priseur,
rue de Provence, 8,

Assisté de **M. VIGNÈRES**, Marchand d'Estampes,
rue de la Monnaie, 13, à l'entresol; entrée rue Baillet, **1**,
Chez lequel se distribue le Catalogue.

EXPOSITION PUBLIQUE

Le Dimanche 25 Mai 1862, de 1 heure à 4 heures.

PARIS — 1862

ORDRE DES VACATIONS

Première Vacation.

Deuxième Vacation.

Troisième Vacation.

On commencera à une heure précise.

Tous les lots ne formant pas suite complète pourront être divisés.

CONDITIONS DE LA VENTE

Au comptant.

Cinq pour cent en plus des enchères applicables aux frais.

M. VIGNÈRES, faisant la vente, se charge des commissions.

Nota. Toute commission sans prix fixé ou sans limite déterminée sera regardée comme nulle.

M. Vignères se charge de faire marquer les prix aux Catalogues des ventes qu'il a faites; les amateurs qui le désirent peuvent s'adresser à lui *franco*.

DÉSIGNATION

FAIENCE DE HOLLANDE.

1 Guillaume III, roi d'Angleterre.

La reine Marie, sa femme.

Deux plaques avec inscription en hollandais prouvant que ces deux portraits ont été faits de leur vivant, 1694.

MÉDAILLES.

2 Galerie métallique des rois de France, soixante-quatorze médailles, de Pharamond à Louis-Philippe 1er, ajustées dans des cartons et conservées dans des boîtes étuis.

TABLEAUX

AFTEN (Van).

3 Intérieur hollandais : Les Soins maternels.

Bois. — H. 19 c. L. 26 c.

DYCK (Van).

4 Béatrix de Cusance, princesse de Cantecroy, à mi-corps. Esquisse très-avancée. Grisaille.

Bois. — H. 30 c. L. 25 c.

ÉCOLE FRANÇAISE.

LÉPICIÉ.

5 L'Heureux grand'père, scène de famille villageoise. Charmant tableau.

Bois. — H. 23 c. L. 30 c.

SAINT-NON.

6 Chambre de Ferme.

Toile. — H. 45 c. L. 53 c.

7 Buanderie. (Signée).

Toile. — H. 42 c. L. 47 c.

Ces deux belles esquisses, intérieur avec figures, animaux, nombreux accessoires, sont en tout dignes de Fragonard.

ESTAMPES

---

23 **Callot.** Le Combat de Veillane. — Tentation de Saint Antoine. 2 p.

24 — La grande Chasse au cerf (Meaume 711). Très-belle ép. 1er état.

25 — Tentation de Saint Antoine (139). Belle ép.

26 **Dé** (Maître au). Jupiter amoureux de Ganimède, d'après *Raphaël*. Belle ép. Les stances coupées.

27 **Dolendo**. La Passion, d'ap. *Van Mandere*, publié par de Gheyn. 14 p.

28 **Dujardin** (K.). Son œuvre. 52 p., à l'eau forte.

29 **Durer** (A.). Le Christ en croix. B. 13. Très-belle ép.

30 — La Vierge à la couronne d'Étoile et au sceptre 1516. B. 32. Très-belle ép.

31 — Saint Jérôme dans sa cellule. B. 60. Très-belle ép.

32 — La Pandore ou Grande Fortune. B. 77. Très-belle ép.

33 — La Vierge au Singe, et autres pièces en bois, 11 p., par et d'après.

34 **Dusart** (Corneille). Le Joueur de violon assis. B. 15.

35 **Dyck** (Ant.-V.). Le Christ mort sur les genoux de la Vierge, adorés par trois anges. Eau forte.

36 **Edelinck**. Sainte Madeleine, d'ap. *Lebrun*, avant la bordure. Ep. endommagée.

37 **Ferdinand**. Sainte Potantienne, d'ap. *Corrège*. Sup. ép. d'une jolie p. Rare.

38 **Flamen** (Albert). Suite de poissons de mer. 12 p. R. D. 415 à 426. Première partie.

39 **Gheyn**. Costumes militaires. 11 p.

40 — L'Orgueil ou la Coquetterie, femme se regardant dans un miroir. Très-belle ép. Encadrée.

41 **Ghisi** (Adam). Les deux Amours portés sur des Dauphins. Sup. ép. Pièce ovale.

42 **Goltzius**. Théodore Frisius avec son chien, connu sous le nom du *Chien de Goltzius*. Très-belle ép.

43 **Hooghe** (Romain de) 1685. Charles III, roi d'Espagne. faisant monter le viatique dans son carrosse. Belle ép.

44 **La Belle**. Et pace et bello, etc. 12 p.

45 **Loutherbourg**. Figures et frontispice de B. Picart, etc. 10 p.

46 **Mantegna**. Le Sénat Romain accompagnant un Triomphe. B. 11. — Des Soldats portant des trophées. B. 14. 2 p.

47 **Maratte** (C.). Naissance de la Vierge. — La Vierge, Jésus et une Sainte. B. 6. 3 p.

48 **Mark**. Cléopatre qui montre à Auguste le buste de J. César, d'ap. *Pompéo Battoni.*

49 **Meulen** (d'ap. Vander). Arrivée du roi devant Mastrich. — Vue de Tournay. 2 p., en 2 feuilles chaque.

50 **Ossembeck**. Ballet et fête chevaleresque à la noce de Sa Majesté. 22 p. Rares.

51 **Ostade** (A.-V.). Son Œuvre. 52 p. Le Portrait, par Gole et titre, complet.

52 **Passe** (C. de). Scènes d'équitation et de tournoi, tirées de Pluvinel, avec juges du camp. 10 p. choisies.

53 **Plonski**. Recueil de 27 p. Eaux fortes.

54 **Poussin** (d'ap.) Moyse sauvé, par *Rousselet.* — Pyrrhus sauvé, par *Château.* 2 p. Très-belles.

55 **Raimondi** (Marc-Antoine). Le Martyre de Saint Laurent, d'ap. *Baccio Bandinelli*. (B. 104.) Belle ép,, qui a quelques restaurations parfaites.

56 **Raphaël** (d'ap.). Les Heures du jour et de la nuit. 12 p. Magnifiques ép. d'artistes, avant la lettre. Toute marge.

57 **Rembrandt**. L'Annonce aux bergers. B. 44. Très-belle ép.

58 — Fuite en Egypte. B. 52. Très-belle ép.

59 — Jésus-Christ prêchant, ou la petite tombe. B. 67. Très-belle ép. Grande marge.

60 — Abraham France, grand amateur d'estampes. B. 273. Très-belle ép.

61 — 80 p. Originales, eaux fortes. Portraits et sujets pourra être divisé.

62 — 95 p., par et d'après. 2 lots.

63 **Ribera**. Saint Jérôme assis.

64 **Robetta**. L'Homme attaché à un arbre par l'Amour. B 25.

65 **Rubens**. Son portrait, par Audran. — Le Serpent d'airain, par Aubert. 2 p.

66 **Segers** (d'ap.). Le Reniement de saint Pierre. Très-belle ép. Le titre est rajouté.

67 **Silvestre** (Israël). Vue de la Sainte-Chapelle et de la Chambre des Comptes de Paris. Très-belle ép.

68 — Vues de Paris et France. 12 p. Pourra être divisé.

69 **Tiepolo**. Pièces à l'eau forte, par et d'après, 18 p.

70 **Venitien** (Aug.). L'Ange arrêtant Abraham prêt à sacrifier son fils. B. 5, d'après *Raphaël*. Sup. ép., mais doublée.

71 **Vischer** (C.). L'Antiquaire. — La Bohémienne.
2 p.

72 **Xavery** (d'ap.). Scènes du Théâtre-Italien, Arlequin, Colombine, Pierrot et Scapin, 17 p. in-4., avec texte, gravé en hollandais et en français. Amsterdam. P. Schenk. Rare.

73 Animaux et Paysages. 13 p.

74 École flamande. Rubens, Teniers, etc. 19 p.

75 École française. Apôtres d'après Callot, Leclerc et autres pièces diverses. 125 p. Sera divisé.

76 École italienne. Vierge d'ap. Raphaël, etc 5 p.

ORNEMENTS

77 Ornements, frises et fins de pages. 30 p., sur 11 feuilles.

78 **Errard** (d'ap. C.). Vases, par *Tournier*. 7 p.

79 **Huet** (d'ap.). Trofées de chasse, gravez par Gottlieb-Friedrich *Riedel*. 6 p. Cahier, n° 16. Très belles ép. Marge.

80 **Lepautre**. Frises. 4 p. — Frises de nayades, par Heince. 4 p. En tout 8 p.

81 **Peyrotte** (d'ap.) Nouveaux Cartouches chinois, par Huquier, dédiés à M. de Fontanieu, 7 p. — Second livre de 7 p., dedié à Madame. En tout 14 p. Très-belles. Marge.

82 Nouvelles ecclésiastiques, arrêts du Parlement, expulsion des Jésuites et pièces relatives. 105 p. 2 lots.

PORTRAITS

83 **Ardel**. Femme et ses quatre enfants, d'après *Rubens*. In-fol.

84 **Ardell** (Mac). Rubens, sa femme et son fils. Magnifique ép. in-fol. Avant toute lettre. Avant la marge nettoyée.

85 **Arnoult**. Marie-Anne Ch. Victoire de Bavière. Dauphine en pied. Petit-fol.

86 **Audinet**. J.-B. Cléry, dernier serviteur de Louis XVI, In-4., d'après *Danloux*. Rare.

87 **Audran** (B.). Fénélon, d'ap. *Vivien*. In-fol.

88 **Beauvarlet**. Portrait en pied du marquis de Pombal, avec la vue du port. Très-grande pièce, d'ap. *Vanloo* et *J. Vernet*.

89 **Bein**. Louis-Philippe Ier, roi des Français, buste dans un riche encadrement de Baltard. Sup. ép. sur chine.

90 **Bosse** (Abraham). Michel l'Archer, président de la Chambre des Comptes. In-8. Sup. ép.

91 **Boulanger**. Mère Catherine Agnès de Saint-Paul Arnauld, d'ap. *Champagne*. In-4. Ancienne ép.

92 — Marie-Thérèse, reine de France, femme de Louis XIV. In-8. Sup. ép.

93 **Bridoux**. Louis-Philippe Ier, roi des Français, à mi-corps. In-fol., d'ap. *Winterhalter*. Sup. ép., chine. Avant la lettre.

94 **Brookshaw**. M.-J.-C. de Savoie, comtesse de Provence. In-fol., d'ap. *Drouais*.

95 **Calamatta**. Mad. L.-A. Duclos-Marcotte, d'ap. *Ingres*. Très-belle ép. Rare.

96 — Ferdinand-Philippe, duc d'Orléans, 1845, d'ap. *Ingres*. Magnifique ép. d'artiste, sur chine. Grande marge.

97 **Canale.** Marie-Antoinette, princesse royale de Pologne, d'après elle-même. In-fol.

98 **Carrache** (Aug.). Le Titien, peintre. Belle ép.

99 **Cochin.** Eustache Lesueur. Petit in-fol. Très-belle ép.

100 **Coypel?** La **Voisin**, célèbre empoisonneuse. Portrait curieux et rare.

101 **Daret.** Olympia Maidalchini. In-4, marge.

102 **Delft.** Gaspard, comte de Colligni-Châtillon. In-fol., d'ap. *Mirevelt*. Très-belle ép.

103 **Denon.** Son portrait, dessinant, entouré de curiosité. Jolie eau-forte, effet de jour. Très-belle marge.

104 **Desrochers.** Henriette de Coligny, comtesse de la Suze, avec encadrement. In-4. Très-belle ép. Rare.

105 — François Verdier, peintre. Petit in-fol.

106 — Ch. Max. Joseph. — Dom Philippe d'Espagne. — Lenglet du Fresnoy. — Moreri. — Sainte-Beuve. — Surbeck, par Duhamel. — Condren, par Mellan. — Crébillon, par Moitte. — Avrillon, par Scotin. 9 p.

107 **Drevet.** Samuel Bernard avec conseiller d'État, écrit à la main.

108 — J. Benigne Bossuet, en pied, d'ap. *Rigaud*. Superbe ép. *avec un seul point.*

109 — Bossuet, en pied, d'ap. *Rigaud*.

110 — Louis XV, assis sur le trône, d'ap. *Rigaud*. Gr. in-fol. encadré.

111 — Ch. Jér. de Cisternay du Fay, capitaine aux gardes françaises, d'ap. *Rigaud*. Très-belle ép.

112 — P. Paillot, historiographe. Très-belle ép.

113 — H. Rigaud, d'ap. lui-même, tenant un porte-crayon. Très-belle ép. avant le rideau allongé.

114 **Duchange**. François Girardon, sculp. Belle ép.

115 **Duflos** (C.). J. F. P. de Gondi, cardinal de Retz. In-4. Belle ép.

116 **Duhamel**. J. Sénac, archiatre. — Severini Tharsiensis, médecin, par *Houbraken*. 2 p.

117 **Dupin**. Charles Philippe, comte d'Artois, colonel-général des suisses, d'ap. Hall. Première ép. avec la draperie blanche et avant toute lettre, l'emblème de la Vérité est à droite. In-4. Rare.

118 — Le même, avec la lettre, mais avant les adresses.

119 **Dupont** (Henriquel). Alexandre Brongniart, directeur de la manufacture de porcelaine de Sèvres, dessiné en 1836, et gravé en 1850. Superbe ép. d'artiste, chine

120 — Le duc d'Orléans, Ferdinand Philippe, d'ap. nature. Superbe ép. avant la lettre, avec dédicace signé *H. Dupont*.

121 **Dyck** (Van). Joannes Breugel, peintre. Eau-forte, d'une grande finesse, sans remarques.

122 **Dyck** (d'ap. V.). Portraits par Pontius, Vorsterman, etc. 8 p. dont 4 avec Martin Vanden Enden.

123 **Edelinck** (G.). Moïse, d'ap. Champagne. R. D., 2.

124 — Antoine Arnaud, à mi-corps, R. D., 141. Superbe ép., toute marge.

125 — J. Blanchard, peintre. — P. Surirey de S. Remy.
2 p.

126 — Bossuet, évêque de Meaux, d'ap. *Rigault*. R.
D., 156. Superbe ép., 1ᵉʳ état, toute marge.

127 — Carolus Gobinet, docteur de Sorbonne, d'ap.
Largillière. R. D., 215.

128 — Louis XIV. In-8. R. D., 249. Superbe ép.,
1ᵉʳ état, avec PAR GLORIA Marge. Très-rare.

129 — Ferdinand, prince évêque de Paderborn, soutenu par la Sagesse et la Religion. R. D., 203.

130 **Edelinck** (N.). Nicolas Malebranche, d'ap. *San-
terre*, 1713. In-4, marge. C'est le plus beau portrait du personnage.

131 **Fessard**. Dorat. Médaillon soutenu par une muse
entourée d'amours, richement entouré d'attributs.
In-4. Superbe ép.

132 **Ficquet**. P. Corneille. Sup. ép., marge.

133 — J. de la Cour, écuyer. In-8. Très-belle ép.

134 **Fiesinger**. Bernadotte. — Kleber. — Lecourbe.
3 p. in-4, toute marge In-fol.

135 **Forster**. Raphaël Sanzio à l'âge de 15 ans. Superbe ép. sur Chine.

136 **Gaucher** (C. E.). Jean Benjamin Laborde. Superbe ép. d'un charmant petit portrait ovale, d'ap.
du Rameau. In-8, toute marge. Rare.

137 **Gaultier** (Léonard). Marie de Médicis, reine de
France. In-8.

138 **Golding**. La princesse Charlotte d'Angleterre,
d'ap. *Lawrence*. In-fol. Très-belle ép.

139 **Goulu**. Henri IV, en pied, d'ap. *Porbus*. In-fol.

140 **Gourmont**. Carolus cardinalis a Borbonio anno
etatis 28, en pied. In-4, marge.

141 Grateloup (J.-B.). Aquensis sculp. Tête de jolie jeune fille, d'ap. *Grimou.* Petite pièce ovale.

142 — Dryden. Très-petit portrait ovale.

143 **Grateloup**. Fénélon, d'ap. *Vivien.* Superbe ép., marge. Rare.

144 — Louis XV. Représentation d'un petit médaillon.

145 — Montesqviev, d'ap. *Dassier*, profil. Médaillon équarri, très-belle ép., marge.

146 — Napoléon. Petit profil, ovale, d'ap. *Droz.*

147 — Trois arquebusiers, d'ap. *Callot.* — Deux têtes orientales. 2 petites eaux-fortes. Rares.

148 **Green**. Mistress Cosway, d'ap. elle-même. Superbe ép. d'un beau portrait. In-fol.

149 **Jeaurat**. Pierre Puget, le Michel-Ange de la France. Petit in-fol. Superbe ép., marge.

150 **Johannot**. Mlle de Fontanges, d'ap. *Petitot.* Superbe ép. in-8, avant toute lettre, marge. In-4.

151 **Lacour**, artiste bordelais. Portrait de Ch. Fr. d'Aviau Dubois de Sanzai, archevêque de Bordeaux. In-4. — Carte d'entrée au muséum de Bordeaux. — Autre, à l'eau-forte, sans lettre, avec aigle, éléphant, lion. — La bergère surprise, jolie eau-forte, 1780. — Vase de cristal de roche du cabinet de M. J. Goethals. 5 p. rares.

152 **Langlois**. Mlle Crozat. Charmant portrait in-12, pour un traité de géographie.

153 — J. J. Barthelemy. In-4, Chine. Très-belle.

154 **Lasne** (M.). Petrus Cornelius Rothomagensis, 1644. Belle ép. d'un petit portrait. Rare.

155 — J. F. de Gondi, archevêque de Paris. In-8, marge.

156 Le Beau. Mlle Duthey, célèbre actrice, d'ap. la miniature de *Lainé.* Gr. in-8, marge.

157 Lefevre. Ph. de Champagne. Marge. — S. Vouet, par Lépicié. 2 p. in-8.

158 — La princesse Marie, duchesse de Wurtemberg.

159 Leoni (Octave). Son portrait. B. 6, ovale.

160 — Baglione. B. 8., B. 11. — Jean Ciampolus. B. 25, et la copie contre-partie. 4 p.

161 Leroux, 1824. Lafayette, en pied, d'ap. *Scheffer.* Superbe ép. d'artiste. Chine.

162 Leu (Thomas de). Henri de Bourbon, prince de Condé, âgé de 9 ans, 1597. Très-belle ép. in-8.

163 — Catherine de Médicis, reine-mère du roy. In-8, marge.

164 — Marie Stuart, reine de France et d'Écosse. In-8, belle ép. Rare.

165 Lignon. Léon X, d'ap. *Raphaël.* Magnifique ép., avant la lettre.

166 Mariage. Louis, duc de *Saint-Simon*, auteur des Mémoires, d'ap. *Vanloo.* C'est l'original de tous les portraits gravés depuis. Superbe ép.

167 Mariette (chez). L'Electrice d'Hanovre, en pied. Petit in-fol.

168 Massard (Jean). Charles Ier et sa famille, d'ap. *Van Dyck.* Belle ép.

169 Mathey. M. Richard de Lalande, surintendant de la musique du roi. Sup. ép. in-8, avant toute lettre.

170 Mellan, Madeleine Corvina pitrice. In-8. — Jérôme Frescobald, organiste. In-8, marge.

171 — N. Cl. Fabri de Peiresc. In-4. — H. L. Habert de Montmor, chez Vanheck.

172 Moncornet. Nicolas de Neuville, marquis de Villeroy, à cheval. In-4. Magnifique ép., marge.

173 — Albert d'Autriche. — Eléonore de Gonzague. — G. Horn. — Jeanne d'Aragon. — Ch. de Lorraine, rogné. — Ph. de Nassau. — L. de Rohan Guemené. 7 p.

174 — Charles d'Albert, duc de Luines. — Marguerite de Rohan, princesse de Léon. 2 port., 1er état, avant les armes. Magnifiques ép., marge.

175 — Charles de Gontant Biron. — Louis Phelipeaux Lavrillière. — Marguerite de Béthune, duchesse douairière de Rohan. 3 port. Très belles ép., marg.

176 Nanteuil. Mme de Bragelogne. R. D., 57. le bas coupé. — Christine de Suède, 67. — Les quatre évangélistes. R· D., 7. Avant dernier état. 3 p.

177 — Egide Menage, homme de lettres. R. D., 188. Superbe ép. 1er état, In-4. marge.

178 Nolin. J. B. Poquelin de Molière, état de la planche pour les grands hommes de Perrault. Trèsbelle ép., grande marge.

179 Pannier. Louis d'Orléans, duc de Nemours, d'ap. *Winterhalter*. Lettre grise sur Chine. Trèsgrande marge. In-fol.

180 Persinus. Ariosto, d'ap. *Titien*. Gr. in-4.

181 Picart (B.). Le Régent entouré de figures allégoriques, au fond la Banque royale. Gr. in-8 en travers. Superbe ép., marge.

182 Poilly. Gaston d'Orléans, frère de Louis XIV. Petit in fol. Bon portrait.

183 Pontius (P.). Henri Steenwyck, peintre, d'ap. *Van Dyck.*

184 **Punt**, 1759. Pygmalion, danse des princesses
Caroline et Charlotte Frédérique. In-fol.

185 **Reynolds** (d'ap. J.). Lady Sara Bunbury, en
pied, sacrifiant aux Grâces. In-fol., par *Fisher.*
Magnifique ép. avant la lettre.

186 — Ch. Spencer, duc de Marlborough. Petit in-fol ,
par *Houston.* Très-belle ép.

187 — Colonel Tarleton, en pied. Manière noire.

188 **Ribault**. Bernardin de Saint-Pierre. In-4. Superbe ép. avant la lettre. Marge. In-fol. — Marie-
Louise, d'ap. Durand Duclos. In-fol. — Pie VII,
priant. In-4, manière du crayon.

189 **Saint-Aubin**. Helvetius. In-4. — Lalande. In-4,
— Raynal. In-8. 3 portraits.

190 — Gluck, musicien, joli petit profil, d'ap. la cire de
Krafft, médaillon entouré de chênes et de lauriers.
Superbe ép., marge. In-4.

191 — M. Necker. In-fol., d'ap. *Duplessis.* Marge.

192 **Salvador**. Le Fils de Rubens.

193 **Schenck**. Réné Descartes. Petit in-fol. Manière
noire.

194 **Schmidt**. Constantin Scarlati, prince de Moldavie.
Très-belle ép., toute marge, le nom de l'artiste et
1743 à l'encre.

195 **Schuppen** (Van). F. de la Haye, médecin. In-8.
Superbe ép.

196 — Joseph Franç. Borri, chimiste de Milan. Belle
ép., avec les emblèmes dans les angles.

197 — Eustache Lesueur. Superbe ép.

198 **Selb**. Luise, grande duchesse de Saxe-Weimar
Eisenack. Lithographie. Gr. in-fol. Chine. Rare.

199 **Smitscher** Maria Theresia, reine de Hongrie.
Petit in-fol. Manière noire.

200 **Strange.** Charles Ier, en pied, en manteau royal,
d'après *Van Dyck*. Belle ép., marge, collée en plein.

201 — Les trois enfants de Charles Ier, en pied, d'ap.
Van Dyck. Très belle ép.

202 **Suyderhoef.** Jean Hoornbeeck. In-fol., très-
belle ép.
— Henri de Keyser. In-4, sup. ép., marge.

203 **Tanjé.** Christine de Suède. In-4, d'après *Bour-
don*. Marge.

204 **Tardieu.** Mme du Boccage. In-8, très-belle ép.

205 **Tasnière.** Maison royale de Savoie, 33 portraits
in-fol., jusqu'en 1703.

206 **Thevenin.** Pie IX, pape. Très-belle ép. Chine.
In-fol.

207 **Vermeulen.** Olivier Cromwel. In-4.

208 — Anne M.-L. d'Orléans, duchesse de Montpen-
sier, d'ap. *Rigaud*. In-fol. collée.

209 **Vorsterman.** Jacques Callot, d'ap. *Van Dyck*.
Belle ép.

210 — Rockocx. Ep. sans lettres et sans les médailles.

211 — Gérard Seghers, peintre, d'ap. *Van Dyck*. Sup.
ép. avant les noms d'artistes.

212 **Walker.** Général Alex. Hope, d'ap. *Lawrence*,
1810. Sup. ép., lettre grise. In-fol., tout marge.

213 — Henri Racburn, peintre, *proof*. Sup. ép. Chine,
toute marge.

214 — Walter Scott, *proof*. Sup. ép. Chine, toute
marge.

215 — Le même, avec la lettre, sur blanc.

PORTRAITS PAR NOMS ET PAR LOTS

216 **Dufresne** (Raphaël Trichet), directeur de l'imprimerie royale, littérateur. Grand in-8, sup. ép.

217 **La Fontaine**. Grand in-4, d'après *Rigaud*.

218 **Louis XV** et Marie Leczinska. Collection d'Odieuvre. In-8, touté marge, 2 p.

219 **Louis XV**. Statue équestre à Bordeaux, et en pied à Rennes. Reims, d'ap. *Lemoine et Pigale*. 3 très-grand in-fol.

220 **Mabre Cramoisy** (Sébastien). Architypographe. In-4. Rare.

221 **Marie Antoinette** étant jeune. Manière noire. In-4.

222 **Melanchton**. 8 portraits différents.

223 **Ouvrard**. In-8, port. lithographié. Très-rare.

224 **Pilatre de Rosier**, aéronaute, de profil. In-4, marge, chez Beljambe.

225 — Testament de Louis XVI, surmonté d'un médaillon, contenant 7 figures de la famille.

226 **Portraits** des grands hommes, de Perrant. 67 p., par Edelinck, J. Lubin, etc. In-fol.

227 — Portraits divers, par E. de Boulonnais et de Larmessin. 130 p. coupées, de l'Académie des Sciences.

228 — Portraits divers, acteurs, littérateurs, etc., 37 p.

229 — Portraits de députés, 1789. Col. Dejabin. 15 p.

230 — Environ 100 personnages divers. Sera divisé.

231 — Portraits divers. Environ 200 p. 2 lots.

232 — Portraits de théologiens, philosophes, historiens, géographes, etc, 300 p. Sera divisé.

ÉCOLE FRANÇAISE ET ANGLAISE XVIIIe SIÈCLE

233 **Anonyme**. La belle jambe, dame avec coiffure très-haute, mettant sa jarretière, tandis qu'un singe lui présente un miroir. Petite pièce. Très-rare.

234 **Baudouin** (d'ap.). Marton, la bouquetière, par *Ponce*; — Sa taille est ravissante; jeune Dame à sa toilette, par *Le Beau*. 2 p. in-4. Belles ép.

235 — Le Fruit de l'Amour secret, par *Voyez*. Belle ép., marge.

236 **Boilly** (d'ap.). La Jardinière. — L'Attention. 2 jolies dames en pieds, par *Tresca*. Toute marge.

237 **Bouchardon** (d'après). Les cinq sens, gravés par *Fessard*. 5 p., toute marge.

238 **Boucher** (d'ap.) Le Triomphe de Vénus. Charmante composition, superbe ép. avant toute lettre. Rare.

239 — Vénus se préparant au jugement de Pâris, par *Aug. de Lorraine*.

240 — La Muse Erato, par *Daullé*.
— Les Grâces au bain, par *Ryland*.
— L'Amour instruit par Mercure, par *Basan*.
— Vue d'après nature, n° 2, par *Basan*. Marge. Ces pièces sont très-belles, ép.

241 — La Courtisane amoureuse, par *Larmessin*. Très-belle ép. (Conte de La Fontaine).

242 — Mademoiselle de *** en habit d'été, par *J.-B. Michel.* Rare.

243 — La Musique pastorale. — Les Amusements de la campagne. 2 p., très-belles ép., par *Daullé.*

244 — Pensent-ils au raisin ? par *Lebas.* Sup. ép., marge.

245 — Sylvie délivrée par Aminte, par *Gaillard.* Sup. ép., marge.

246 **Boucher** (d'ap.). Les Cris de Pàris. 15 p.

247 **Boulogne** (d'ap.). Actéon métamorphosé en cerf, par *Sornique.* Jolie p. gracieuse.

248 **Caresme** (d'ap.). La joyeuse Orgie, par *Hemery.* Très-belle ép., grande marge.

249 **Chardin** (d'ap.). La petite Fille au volant, par *Lépicié.* Très-belle ép., marge.

250 — La petite Fille aux cerises, par *Cochin.* Rare. *Simple dans mes plaisirs.* Très-belle ép., marge.

251 — La Gouvernante, par *Lépicié,* 1739. Très-belle épreuve.

252 — Étude du dessin, par *Lebas.*

253 — Le Peintre, singe peignant un tableau, par *Surugue.* Très-belle ép. Rare.

254 — La Serinette, par *L. Cars.* Belle ép., collée.

255 **Charlier** (d'ap.). Un tendre engagement va plus loin qu'on ne pense. — Achève ton ouvrage, n'oublie pas la dernière. 2 charmantes compositions, par *Elluin.*

256 **Courtin** (d'ap.). L'Amour médecin, par *Mathey.*

257 **Coypel** (d'ap. Ch.), 1731. L'Amour de ville ou l'Amour coquet. — L'Amour de village ou l'Amour naïf. 2 p., par *Lépicié.*

258 — Persée délivre Andromède, par Louis *Surugué*, 1732. Jolie p. gracieuse.

259 **Dammery**. Repos de Vénus et les Grâces au bain, d'ap. *Raoux*. Très-belle ép. Rare.

260 **D'André Bardon**. L'Enfance, par *Balechou*. Belle ép., marge.

261 **Daullé**. La Grecque sortant du bain, d'après *Vernet*. Très-belle ép., marge.

262 **Debucourt**. La Bénédiction paternelle ou le Départ de la mariée. Très-belle ép., toute marge.

263 **De Troy** (d'ap.). Jeune dame prenant du café. *A quel dessin, aimable enfant*. Très-belle ép., marge, par *J. Chereau*.

264 — Toilette pour le bal, par *Beauvarlet*. Sup. ép., grande marge.

265 **Duflos** (C.). Jeune Bergère filant, d'après *la Rosalba*. Sup. ép. d'une très-petite pièce.

266 **Dumouchel**. Le Bain, par *P. Dupin*. Très-belle épreuve.

267 **Earlom**. Agar présentée à Abraham par Sara, d'après *Vanderwerff*. Magnifique ép. avant la lettre. In-fol., avant la marge nettoyée.

268 — Les Forgerons, en hauteur, d'ap. *Wright*. Magnifique ép. In-fol., ayant la lettre, les noms à la pointe.

269 — Le gros Marteau de forge, en travers, d'ap. *Wright*. Magnifique ép. Grand in-fol.

270 **Eisen** (d'ap. Ch.). Le Cas de conscience, par *Tardieu*. Très-belle ép., marge. Rare.

271 — Les Quatre Saisons. Jolies compositions. In-4, en travers, par *de Longueil*. 4 p.

272 **Flipart**. Vénus et l'Amour, *Casta placent ; Lusus desidiose Vale.*

273 **Freudeberg** (d'après les dessins de S.), 1774.
— Le Lever, gravé par A. Romanet.
— Le Bain, par A. Romanet.
— La Toilette, par Voyez l'aîné.
— L'Occupation, par Lingée.
— La Visite inattendue, par Voyez l'aîné.
— La Promenade du matin, par Lingée.
— Le Boudoir, par P. Maleuvre.
— Les Confidences, par C.-L. Lingée.
— La Promenade du soir, par Ingouf junior.
— La Soirée d'hiver, par Ingouf junior.
— L'Événement au bal, par Duclos et Ingouf.
— Le Coucher, par Duclos et Bosse.

Ces 12 pièces forment la première partie du costume physique et moral au XVIIIe siècle; sont très-belles ép., et ont toute leur marge. Rare à trouver réunie dans cette condition.

274 **Freudeberg** (d'ap. S.). Les Confidences, scène d'intérieur, par Lingée. Très-belle ép., avec marge.

275 **Greuze** (d'ap.). Annette? Jeune fille debout, attitude timide, par *Fe Beauvarlet*. Belle ép.

276 — La Voluptueuse, par *Gaillard*. Jolie pièce gracieuse.

277 — L'Enfant gâté qui donne sa soupe au chien, par *Maleuvre*. Très belle ép.

278 — Ne l'éveille pas, scène maternelle, par *Cars* et *Jardinier*. Très-belle ép., toute marge.

279 — L'Amour dédié au beau sexe, gravé par *Henriquez*. Marge. Rare.

280 Lancret (d'ap.). La Femme commode, par *Dupin*. Pièce rare, marge.

281 — L'Occasion fortunée, par *Scotin*. Jolie p. Rare.

282 — La Coquette de village, par de *Larmessin.*

283 — Les deux Amis. — Le Fauçon. — Les Remois. — Le petit chien qui secoue de l'argent. 4 p., par de *Larmessin* (contes de La Fontaine). Pourra être divisé.

284 — On ne s'avise jamais de tout, par de *Larmessin* (conte de La Fontaine). Très-belle ép.

285 — Les Quatre Saisons, en travers, par de *Larmessin*. 4 p.

286 — Le Midi. — L'Après-Dînée. **2** p.; par de *Larmessin*. Très-belles ép.

287 — Le Jeu de pied de bœuf, par de *Larmessin*. Très-belle ép.

288 — La Musique champêtre, par *Fessard*. Belle.

289 — Les Agréments de la campagne, par *Joullain*. Très-belle ép., marge.

290 — Mademoiselle Sallé dansant. Grande p., par de *Larmessin.*

291 Larmessin. Le Villageois qui cherche son veau. — La Jument du compère Pierre. 2 p., d'ap. *Vleughels* (contes de La Fontaine).

292 Laurie. Le Marchand de mort-aux-rats. In-fol., d'ap. *Ostade*. Magnifique ép., avant la lettre, avant la planche nettoyée.

293 Lawreince (d'ap.). Le Billet doux, par *Delaunay*. Riches costumes et ameublements de l'époque.

294 — L'Innocence en danger, par *Caquet*. Rare.

295 **Leclerc** (d'ap.). Le Faiseur d'oreilles et le Rac-
commodeur de moules, par de *Larmessin*. Très-
belle ép., marge.

296 **Lemesle** (d'ap.). Le Cuvier. — La Clochette. 2 p.
des contes de La Fontaine, par *Fillœul*. Belles ép.,
marge.

297 **Le peintre** (d'ap.). La Cage symbolique. Sup.
ép., avant les trois lignes de dédicace, toute marge.

298 **Lorrain** (d'ap.). La Chose impossible, par *Sornique*, conte de La Fontaine.

299 **Martini**. d'ap. Troost, etc. 5 p.

300 **Martini** (P.-A.). Exposition au Salon du Louvre,
en 1787.

301 **Moitte** (d'ap.). L'infidélité reconnue, par *Dum-
brun*.

302 **Monnet** (d'ap.). Les vœux du peuple confirmés
par la religion, allégorie. Marie Antoinette et
Louis XVI.

303 — Jupiter et Io. — Vénus et Adonis. 2 jolies p.
rognées.

304 **Moreau**, le jeune. Le Festin Royal. — Le bal
masqué donné par la ville de Paris, à l'occasion
de la naissance du Dauphin. 2 p., en hauteur an-
ciennes, ép., marge.

305 **Moreland** (d'ap.). Cows. — Sheep. 2 p. par
Bell. Manière noire.

306 — A Visit to the child at nurse. Lettre grise grand
in-fol., par *Ward*.

307 **Natoire** (d'ap.). Cette glace insensible à tes yeux,
par *Soubeyran*. Très-belle ép. in-4.

308 **Née**. Tombeau de Jean-Paul Marat, d'ap. le dessin de *Pillement*. Sup. ép. toute marge.

309 **Ozanne**. Vues de Paris, 6 p.

310 — Marines très-petites, moyennes et petit in-fol., 100 p., la plupart rognées et collées.

311 **Parrocel** (d'ap.). Halte de gardes-suisses, avec costumes de dames. Sup. ép. par *Le Bas*, marge.

312 **Pater** (d'ap.). Le glouton, belle, *D. R. A. Culp.* — La courtisane amoureuse, par *Fillœul*. — Le baiser donné, *Fillœul*. Marge. — La matrone d'Ephese. *Fillœul*. — Les aveux indiscrets. Ces 5 p. sont des contes de La Fontaine.

313 — Le désir de plaire. Jolie dame à sa toilette, par *Surugue*, 1743. Marge.

314 **Picart** (B.). Le jeu de l'ombre. — Le jeu de la main chaude. 2 charmantes pièces à costumes, 1709. Très-belles ép.

315 **Queverdo** (d'ap.). Les aveux sincères ou les accords de mariage, par *Martini*. Intérieur à costumes.

316 **Raoux** (d'ap.). L'enfance, la jeunesse, l'âge viril, la vieillesse, 4 p. par *Moyreau*. Jolies compositions, très-belle ép.

317 **Robertson** (d'ap.). 6 vues de la Jamaïque. In-fol.

318 **Saint-Jean** (de). Femme de qualité en désabillé — en stenkerke et falbala. — Homme de qualité en habit garni d'agrément. 3 p., costumes en pied.

319 **Saint-Quentin** (d'ap.). Vénus endormie. — Diane endormie. 2 p., par *Littret*, très-belles.

320 **Simon** (P.). Shakespeare, Hero Ursula et Beatrica. Acte III, scène II, d'ap. *Peters*. In-fol.

321 **Troll.** Vues du Palais et Jardin des Tuileries, dessinées d'après nature. 8 p., rares.

322 **Vanloo** (d'ap. C.). Les grâces, par *Pasquier*.

323 **Vinkeles**. Salle de Physique. — Salle de dessin dans l'édifice de la Société Félix Meritus. 2 p., grand in-fol., marge.

324 **Watteau** (d'ap.). Le repas de campagne, par *Desplaces*. Très-belle ép., avec marge.

325 — La Finette. — Mezetin. 2 jolies p., par *B. Audran*.

326 — Retour de Guinguette, par *Chedel*. Belle ép. marge.

327 — Les agréments de l'été, par *Joulin*, belle ép.

328 — Le plaisir pastoral, par *Tardieu*.

329 — Entretiens amoureux, par *Liotard*.

330 — Les charmes de la vie, par *Aveline*. Jolie composition, très-belle ép.

331 — L'île enchantée, par *Lebas*. Très belle ép.

332 — Louis XIV mettant le cordon bleu à M. de Bourgogne, par de *Larmessin*. Très belle ép.

333 **Watteau** fils (d'ap.). Costumes français, habillemens à la mode en 1787. — 5 p. et 5 p. d'ap. Desrais, en tout 10 p. rares, sup. ép.

334 **Wille** (J. G.). L'observateur distrait, d'ap. *Mieris*. Très-belle ép.

335 — Mort de Cléopatre, d'ap. *Netscher*.

336 — Instruction paternelle, d'ap. *Terburg*. Très-belle.

337 — La devideuse. — Les soins maternels. 2. p.

338 **Woollett**. The Fishery, d'ap. *Wright*.

339 — Costumes de dames et d'hommes, de 1778 et 1779. 13 très-petites pièces.

340 — École Française. Les Bacchantes endormies et autres, d'après Boucher, Cochin, etc. 8 p.

341 — Paysages et marines, J. Vernet, etc. 12 p.

PORTRAITS ET SUJETS GRAVES EN COULEUR

342 **Anonyme**. Jeune fille prête à embrasser son oiseau, qui chante, perché sur son bras. Fac simile aux trois crayons.

343 **Alix**. Marie-Anne-Charlotte Corday. Petit f° ovale, gravée en couleur, superbe ép. toute marge.

344 **Basset** (chez). Stanislas Auguste, roi de Pologne. 1762. In-4, en couleur.

345 **Bonnet**, Marie Antoinette, sœur de l'Emp., archiduchesse, née à Vienne le 2 nov. 1755. Dauphine de France le 16 mai 1770. Gravé par Louis Bonnet, d'après le tableau de Klanzinget, qui est aux *Apartements* de Mesdames. Très-petit portrait en couleur, extrêmement rare, magnifique épreuve de la plus belle condition.

346 — Les Jeux de l'Amour, d'après *Boucher*. Très-belle sanguine.

347 — Le triomphe de Galathée, d'après *Huet*. Ovale en travers, en couleur.

348 **Debucourt**. La perruque enlevée. Costumes vers 1800. — La danse des chiens en désordre, 2 p.

349 — Les joueurs de boules. — Les chevaux de bateau, 2 p.

350 — Les aveugles. — Le joueur de cornemuse, 2 p.

351 — Marchand de chevaux normands. — Route de poste, 2 p.

352 — Route de Poissy. — Route de St-Cloud, 2 p.

353 — Route du marché. — Retour des champs, 2. p.

354 — Route de Naples. — Marchand de vin des environs de Rome, 2 p.

Ces pièces sont d'ap *C. Vernet*, et en couleur avec toute marge.

355 — D'ap. Norblin. 13 costumes polonais , 1817. Bistre et couleur.

356 **Demarteau.** Bergère. — Berger, 2 pendants. Imitation de dessins rehaussés de couleur.

357 **Huet** (d'ap.). L'amour embrassant une bergère. — Le goûter champêtre. 2 jolies pièces gravées en couleur, par Jubier.

358 **Janinet.** Mademoiselle du T***, célèbre actrice, à mi-corps. d'après *Lemoine*. Magnifique ép., petit in-fol. en couleur, collée dans le passe-partout, avec ton jaune qui porte le nom.

359 — D'ap. Ostade, le lecteur de Gazette. — Reste du palais de Jules II. 2 p. en couleur.

360 **Le Beau.** La réalité du plaisir. — La partie d'œuf frais. 2 p. ovales coloriées.

361 — Le départ de la chasse. — Le rendez-vous de chasse. 2 pièces ovales coloriées.

362. — La faible résistance ou le verrou. — L'amant victorieux. Suite du verrou. 2 p. ovales coloriées.

363 **Levachez** fils. La danse des chiens, d'ap. *C. Vernet*. Jolie composition gravée en couleur.

364 **Mallet** (d'ap.). Le jour et le lendemain de noces. — Les cartes et la réussite. — La toilette et le bain. — La frileuse et la somnanbule. — Le lever et le coucher. 10 p. gravées par *Cardon, Chaponnier, Choubard*, coloriées.

365 **Reynolds** (J.-W.). Mad. Grassini, d'après Mad. *Lebrun*. In-fol., en couleur.

366 **Villeneuve** (chez). J.-J. Rousseau, en buste. — Son tombeau à Ermenouville. 2 sujets, rond en couleur.

367 Costumes turcs et grecs, lithog. Couleur rehaussée d'or, à 2 sujets. 8 feuilles.

368 Gravures chinoises, sur papier de Chine, coloriées. Oiseaux, vases de fleurs, etc. 12 p.

ILLUSTRATIONS, VIGNETTES

369 Vignettes pour Notre-Dame de Paris, par *Lemud* et autres. 4 p., ép. d'artiste, Chine volant.

370 — Pour les Fables de Florian, par *Grandville*. 19 p., ép. d'artiste, Chine volant.

371 — Pour les animaux, peints par eux-mêmes, par *Grandville*. 131 p., ép. d'artistes, Chine volant. Tirées à 6 exemplaires.

372 — Pour les contes de La Fontaine. In-4, d'après *Fragonard*, 14 p.

373 Vignettes in-4, pour Daphnis et Chloé; la naissance; la cigale; le bain. Ces 3 p. sont d'après *Prudhon*, les 6 autres p. sont d'ap. *Gerard*, en tout 9 p., superbe ép. avant la lettre toute marge.

374 Illustrations pour Beaumarchais. 10 p. in-8, avant
et avec la lettre.

375 Illustrations pour Télémaque, 25 vignettes in-8,
d'ap. *Moreau* le jeune, et le portrait de Fénélon,
par Delvaux.

376 Illustration pour Clarisse Harlow. 16 p. — Pour
Grandisson, 12 p., par *Vinkeles.* En tout, 28 p.
in-8.

377 — Fables de La Fontaine, 12 p.. d'ap. *Bergeret,*
avec portrait, superbes ép., in-8, tirées grand
papier in-fol.

378 — Contes de La Fontaine, d'ap. *Herscnt.* 8 lithog.
grand in-8. Très-belle suite, grand papier en
feuilles.

379 — Contes de La Fontaine, 95 p., grand in-8, en
bistre, épreuves, avant la lettre en feuille.

ŒUVRES, RECUEILS

LIVRES A FIGURES & ILLUSTRÉS, SUR LES ARTS
CATALOGUES, ETC.

380 La Fontaine en Estampes, in-4. Paris, Nepveu, 1821. Figures coloriées, beau volume, d.-rel. mar. rouge.

381 Les figures des fables de La Fontaine, gravées par Simon et Coiny, avec texte gravé, 6 tomes en 4 petits vol., carton.

382 La Henriade, poëme suivi de quelques autres poëmes de Voltaire, avec 10 vignettes, d'ap. Moreau, et le portrait d'Henri IV. In-4, demi-rel.

383 Jardin de l'Epoux Sacré, manuscrit orné de 39 vignettes de l'Amour divin, chez Landry.

384 Emblêmes d'Amour Divin, Humain, etc., 123 p. d'Otho Venius.

385 Fables d'Esope, texte latin et grec, orné de fig. en bois et du portrait d'Esope, Genève 1628.

386 Les Métamorphoses d'Ovide, traduction nouvelle avec le texte latin, par Villenave. Orné de gravures. d'ap. Lebarbier, Monsiau, Moreau. Paris 1806. — 4 vol. in-4, demi-rel. maroq. noir.

387 Mythologische Gallerie, Galerie Mythologique, gravée par *F. Stoeber*, et texte par Jost. In-4. Berlin 1845, en Allemand, Français et Anglais. Carton. en toile, fers à froids.

388 Recueil composé de vignettes, vues de Paris, paysages, petites conquestes de Leclerc, etc., plus de 300 p.

389 Divers estats et conditions de la vie humaine. Paris, chez Pierre Landry. 17 costumes et titre, gravé par Leclerc, belle demi-rel. in-8, maroq., coins, filet, doré en tête.

390 Galerie française de Femmes Célèbres, portraits
en pieds gravés par Gatine, d'ap. Lanté. 70 p.
coloriées et texte, beau vol d.-rel. maroq. rouge.

391 Métamorphoses d'Arlequin, 12 p. — Les Mésaven-
tures, par Demange, 6 p. — Scènes de mœurs,
par Isabey, 12 p. En tout 30 p. lithog. coloriées,
beau vol., demi-rel. maroq. brun.

392 Les souvenirs et les regrets du vieil amateur dra-
matique. In-8, figures. Paris, Froment, 1829, car-
tonné en velin blanc.

393 Artistes du Théâtre Français. Portraits en pieds,
lithog. par *Colin*, et coloriés avec 2 caricatures.
70 p. in-fol., demi-rel. m. r.

394 Costumes de Théâtre, Opéra, Opéra-Com., Th.-Ita-
lien, Français, Odéon. 375 p lithog. color., montées dans 3 albums, d.-rel. mar. Lavallière foncé.

395 Costumes Parisien de l'an X à 1821 — 128 p.
— 1822.83 — 1823.77 — 1824.83 — 1825.83 —
— 1826.94 — 1827.96 — 1828.96 — 1829.97 —
— 1830.95 — 1831.98 — 1832.92 — 1833.96 —
— 1834.91 — 1835.36 — 128. En tout 1,437.
Modes et costumes, en 15 vol. d.-rel. m. v. nerfs.

396 Les ouvrières de Paris, 9 p. — Le bon genre, 3 p.
— Haute classe, etc. 11 p. — Costumes de divers
pays, 66 p., de Gatine, d'ap. Lanté. En tous, 89 p.
coloriées, demi-rel., m. bleu.

397 Costumes de femmes célèbres, 38 p., par Gatine,
d'ap. Lanté. Coloriées, demi-rel. m. bleu.

398 Costumes des départements de la Seine-Inférieure,
Calvados, Manche et Orne, 81 p., dessinés par Lanté
et gravés par Gatine. Coloriés. vol. d.-rel. m. r. nerfs.

399 Costumes des femmes du pays de Caux et autres
    provinces de Normandie. 105 p., gravées par
    Gatine, d'ap. Lanté, coloriées, et texte. Beau vol.
    demi-rel., maroq. brun.

400 Costumes grecs, par Levilly. 30 p. lithog., colo-
    riées, beau vol., d.-rel mar. rouge.

401 Costumes du duché de Gênes, par Levilly. 40 p.
    lithog., coloriées, vol., d.-rel. mar. chamois.

402 Costumes italiens d'ap. nature, par J. Boilly. 48 p.
    lithog., coloriées, beau vol., d.-rel. mar. vert.

403 Costumes des États du Pape. 30 p. lithog., colo-
    riées, par Ferrari, vol., d.-rel. mar. vert.

404 Costumes du Royaume des Deux-Siciles, par
    Sgroppo et lithog. par Levilly, 100 p. in-4, colo-
    riées, beau vol., d.-rel. mar. brun.

405 Costumes du Grand-Duché de Toscane. 50 p., par
    Pieraccini et lithog. par Levilly, coloriées, beau
    vol., d.-rel. mar. rouge.

406 J. Contadini della Toscana (Costumes de la Tos-
    cane), par *Lasinio*. 60 p. et titre coloriés. Florence,
    1796, d.-rel.

407 Costumes du Tyrol, lithog. coloriées. 40 p. in-4,
    d.-rel. mar. rouge.

408 **Album.** Nouvelle Galerie, par Célestin Nanteuil,
    30 p. — Album lyrique, 12 romances avec lithog.,
    par Charlet, Grenier, Victor Adam. etc., 12 p. En
    tout, 42 p. en 2 vol.

409 **Antiquités.** 103 p., vol. oblong. — Divers su-
    jets tirés du Journal des artistes, 245 p. — Pay-
    sages et tableaux de genre. 61 p. 3 vol., d.-rel.

410 **Blancheton.** Vues pittoresques des châteaux de
France, lithographiées, avec texte. 2 vol. in-fol.,
d.-rel. mar. rouge.

411 **Bouchardon** (d'ap.). Études prises dans le bas
peuple, ou les Cris de Paris, 1737 jusqu'à 1746.
5 suites de 12 p., gravées par Caylus. 60 p. Sup.
ép., d.-rel.

412 **Callot** (d'ap.). Les Misères et malheurs de la
guerre, vol. oblong, d.-rel. mar. v., doré en tête.

413 **Chodowiecki.** Son OEuvre, composé de 310 p.
Nombre de rares et très-rares, plusieurs avec diffé-
rences et avant la lettre. Numéros de Jacobi, 12,
avec et sans les bonnets, 17, 47, 49, 51, 52, 53,
55, 58, 69, 70, 74, 76, 77, 84 à 110, et autres,
avec le catalogue de Jacobi, dans un portefeuille.

414 **Coypel** (d'ap.). Figures pour Don Quichotte.
In-fol., 24 p. Broché, oblong.

415 **Cuvilliés** père et fils. Volume contenant desseins
d'autels, études de têtes, trophées, pavillon de jardin, fontaines publiques, rendez-vous de chasses,
maison de plaisance, de campagne, portes co-
chères, lambris, porte d'appartement, lit, com-
modes, canapé, consoles, de la plus grande ri-
chesse ; trumeau de glaces, poêles, cheminées,
serrurerie, grilles, rampes, balcons, cadres et bor-
dures pour tableaux, plafonds, panneaux, caprices,
cartouches, épitaphes, tombeaux, guéridons, giran-
doles, pommes de cannes, et autres objets d'orfè-
vrerie. 209 feuilles.

416 **Deroy.** Les rives de la Loire, lithog. 52 p., y
compris titre et carte, oblong, d.-rel.

417 **Ducerceau** (Jacques Androuet), architecte.
Leçons de perspective. 59 pl. avec texte. Le n° 44
manque, vol. broché en vélin. Paris, 1576.

418 **Du Moncel**. Album de la Revue archéologique
du dép. de la Manche. Valogne, 1843 ; d.-rel.

419 **Flamen** (Albert). Orpheus Eucharisticus. Vol.
in-8, contenant 102 p. Paris, 1657.

420 **Flaxman** (d'ap.). La Divine Comédie, le Para-
dis, le Purgatoire et l'Enfer, 111 p. au trait. Londres, 1807. Très-beau vol., d.-rel., oblong, mar.
rouge, doré en tête.

421 **Gillot** (d'ap.). Livre de scènes comiques inven-
tées, Théâtre italien. 12 p. grav. par Huquier.
Vol. oblong carton. en vélin.

422 **Holbein** (d'ap. H.). L'Alfabeto della Morte,
accompagné de sentences latines recueillies par
A. de Montaiglon. Paris 1856 ; broché.

423 **Jousse** (Mathurin). Le Théâtre de l'art du charpentier, avec planches en bois dans le texte, suivi
du Traité des cinq ordres de colonnes. A La Flèche,
chez G. Griveau, 1650 ; broché en vélin.

424 **Landon**. Les Amours de Psyché et de Cupidon,
d'ap. Raphaël. 31 p. au trait, avec texte in fol.,
d.-rel. et coins mar. vert.

425 **Le Prince**. Son OEuvre, à l'eau-forte et en
bistre, composé de 163 p., vol. in-fol., 1782, Costumes russes, Sujets de pastorales, etc. Sup. ép.

426 **Leroy** (Alphonse). Collection de dessins origi-
naux de grands maîtres, gravés en fac-simile, avec
texte explicatif, par MM. Reiset et Villot. 32 dessins format in-fol. 10 livrais. dans un portefeuille.

427 **Monnier** (Henri). Galerie théâtrale, Quartiers de Paris, Mœurs parisiennes. 56 p. lithog. noir et couleur. Beau vol., d.-rel., mar. noir.

428 **Nolli**. Plan de Rome, en 12 feuilles et 6 de texte et titres. 18 p. Cahier.

429 **Norblin**. 55 p. de son œuvre, dans un porte-feuille.

430 **Overbeck** (d'ap). Les Évangiles. 40 p. In-fol. en travers, gravées par Keller, Steifensand et autres, avec texte en allemand et en latin. Dusseldorf. Beau vol., d.-rel. et coins mar. bleu.

431 **Ozanne**. Six cahiers de Vaisseaux, de 1 à 6. En tout, 71 p.

432 **Ozanne** (d'ap.). Combats maritimes, avec ordre et plan de batailles, depuis 1625, devant l'île de Ré, jusqu'à 1738. 39 p. in-fol., toute marge.

433 **Perelle**. Collection des grands paysages. 84 p., vol. oblong, carton.

434 — Collection des petits paysages. 137 p. vol. oblong, carton.

435 — Petits paysages. 46 p., vol. obl., demi-carton.

436 **Pigal**. Scènes de société, Scènes populaires, Proverbes, Mœurs parisiennes. 104 p. coloriées, montées en 2 vol. grand in-4, d.-rel. mar. brun.

437 — Rome, affaires du jour. 12 p. — Histoire d'un homme à Paris. 12 p. En tout, 24 p. coloriées, beau vol., d.-rel. mar. rouge.

438 — Médailles ou Contrastes. 24 p. lithog., coloriées, beau vol., d.-rel. mar. rouge.

439 **Pinelli**. Nuova Raccolta di cinquanta costumi pittoreschi. 1817.

440 **Ponce**. Les illustres Français, d'ap. Marillier. 54 p. in-fol., cart. en toile.

441 **Troost** (Cornelis). Son OEuvre. Sup. ép. avec la lettre, composé de 52 p., plusieurs par lui-même, dont P. Locatelli de Bergame. — Les amours de Sarotte. — La fausse Vertu. — L'Ambassadeur de Laber Lotten. — Les Abusés. — Le Vielleux. — Fête de saint Nicolas. — Les Philosophes. — La Chambre d'accouchée. — Le Malade. — Les Corps-de-garde d'officiers hollandais, plusieurs avant la lettre, pour différence, dans son portefeuille.

442 **Vernet** (Horace). Album composé de 39 p., par Carle, 5; d'ap. Carle, 3. En tout, 47 p. Oblong, d.-rel.

443 Mœurs de société. 24 sujets lithog. par Jaime et Scheffer, coloriés. Beau vol., d.-rel. mar. vert.

444 Caricatures du Charivari. 37 p. Vol. oblong.

445 Dissertation sur la génération et les transformations des insectes de Surinam, par Marie Sibille Merian, 1726. — Histoire des insectes de l'Europe, 1730. Vol. in-fol., v. m.

446 Exploration de l'Algérie pendant les années 1840, 41, 42, publiée par ordre du gouvernement avec le concours d'une commission académique. *Beaux-Arts, architecture et sculpture*, par *A. Ravoisié*, architecte. 27 livraisons in-fol., avec texte. Paris, Firmin Didot, 1846.

— Archéologie, par Delamarre. 29 livraisons gr. in-4. Imprimerie nationale.

— Botanique, par Bory de Saint-Vincent et Durieu de Maisonneuve. 15 livraisons avec texte, grand in-4. Imprimerie royale, 1846.

— Zoologie, Reptiles et Poissons, par M. Guiche-
not. 12 planches coloriées et texte grand in-4. Imprimerie nationale, 1850. Complet.

— Zoologie, histoire naturelle, animaux articulés,
par H. Lucas. 28 livraisons et texte grand in-4.
Imprimerie royale, 1846.

447 La Grande-Bretagne et l'Irlande. 27 livraisons de
4 feuilles à 2 vues sur chaque. En tout, 111 feuilles
contenant 219 vues et texte français in-4. Londres,
Fisher.

448 Versailles immortalisé (Versaliarum consecrata
memoria, etc.). 55 p. Vues, tableaux, statues.
1er vol. in-4. Paris, 1720.

449 Souvenir de Versailles, réunion de 240 portraits
de rois de France et hommes célèbres, en 4 vol.,
d.-rel. mar. v., nerfs.

450 — Réunion de 200 portraits de femmes en 4 vol.,
d.-rel. mar. v., nerfs.

451 Galerie de Versailles. Portraits de femmes et rois
de France, la plupart en pied. 49 p. Vol. d.-rel.
m. n.

452 La France illustrée, d'ap. Allom. 32 vignettes in-4
sur acier, avec texte, relié en toile, fers dorés, tr. d.

453 L'Été à Paris, par J. Janin. Vignettes sur acier, sur
bois, et texte in-4, d.-rel., tr. dor.

454 Un Hiver à Paris, par J. Janin. Vignettes sur
acier, bois et texte in-4. Belle rel. mar. vert, fers
dorés sur les plats, tr. dor.

455 Voyage en Italie, partie septentrionale, par Paul
de Musset. Paris, 1855, illustré par Rouargue.
Beau vol. in-4, mar. vert, d.-rel., dor. sur tr.

456 Les femmes. Keepsake des Keepsakes, orné de 12 portraits de femmes, de diverses époques. In-8, carton. en toile, fers dorés, tr. dor.

457 The Talisman or english Keepsake. 10 vues et sujets sur acier avec texte in-8, rel. en soie rouge, tr. dor.

458 Histoire et antiquités de l'église métropole de Canterbury. 26 pl. et texte in-4, d.-rel. — Illustration de l'abbaye de Fonthill. 11 p. et texte in-4, carton., 2 vol.

459 Excursions in Cornwall. 50 vues et cartes gravées sur acier, et texte in-8, d.-rel.

460 The Cottage gardener. In-4. Figures en bois dans le texte. Percaline.

461 Tombleson's, vues du Rhin, 1832, vol. in-8, demi-rel. m. r. nerfs. (57 planches.)

462 La Suisse pittoresque, d'après Bartlett. 97 p. et texte, in-4.— Deux vol. m. r. nerf.

463 Illustrated Ditties of the Olden Time. 30 p. carton. toile rouge, fers à froid et doré, t. d.

464 Living and Moving or How we Travel. 7 gravures sur bois imp. en couleur, in-4. Londres.

465 Tableaux du cabinet de M. **Poullain**, mis au jour par Bazan. 120 p. et texte, in-4, carton.

466 Sculture del Museo Capitolino, dessiné et gravé par F. Mori, Rome 1806.—80 p. au trait et texte italien, in-4, broché.

467 Recherches sur la peinture en émail, par *Jules Labarte*, fig. vol. in-4, demi-rel. maroq. rouge.

468 Dictionnaire des Monogrammes de **Brulliot**, 3 tomes en 1 vol. demi-rel.

469 Dictionnaire des Arts de Peinture, par Watelet, en 5 vol. in-8. Manque le 1er vol. 1792.

470 Dictionnaire des Graveurs de Basan, 2 vol. in-8 broch.

471 Catalogue de Rubens, Basan, demi-rel.

472 Manuel des Amateurs d'Estampes, par J. C. L. M. Paris, 1821, in-8 broch.

473 Description des Sculptures au musée des monuments français, vol. in-8, par Lenoir, demi-rel.

474 Vies des premiers peintres du Roi, depuis Le Brun jusqu'en 1752, in 12, par Lepicié, 2 tom. en 1 vol.

475 Guide des amateurs de tableaux, école flamande, par Gault de Saint-Germain, 2 vol. in-12, demi-reliure.

476 Extrait des ouvrages sur la vie des Peintres, par M. de la Ferté. Paris, 1776, 2 vol. in-8, fig.

477 Catalogue de l'OEuvre de Rembrandt, par Claussin.—Supplément au catalogue, 2 vol. demi-rel.

478 Catalogue de la collection d'Estampes de S. J. F. Délézenne. Lille, 1778, avec prix. (Extrait do l'Inventaire des Meubles et Effets.)

479 Catalogues des ventes du duc de Sully. —Aved, 1766. — Gaignat, 1768, fig. — 1773. — Saint-Aignan, 1776. — Natoire, 1778.—Barbier, 1779. — M., 1780 — 1781. — D'Ennery, 1786. — Pescaire, 1787. — Aubert, 1797. — Tolozan, 1801.—Choiseul-Praslin, 1808. — Bergeret neveu, 1809. — Guyot. — Lausberg, 1814. —Chevalier Errard, 1832. — Lafontaine, 1835. — Almaric, 1840. — Perregaux, 1841 et autres, environ 87, pourront être divisés.

480 Catalogues des Tableaux exposés au Luxembourg,
    1755 — et 1818. — Explication des peintures,
    sculptures et gravures de MM. de l'Académie, ex-
    posées en 1773 — 1779. — Notice des dessins au
    Musée, an v (1796). — Tableaux recueillis en
    Lombardie, 1797. — Écoles française et flamande,
    an vii. — Tableaux recucillis en Italie, an viii. —
    Musée, an ix. — Galerie Napoléon, 1810-1817. —
    Musée de Toulouse, 1813. — Société des Amis
    des Arts de Bordeaux, 1853 — 54 — 55 — 57 —
    59. — Musée d'Anvers, 1831 — etc. 23 pourront
    être divisés.

481 Volume portefeuille contenant 200 feuilles de pa-
    pier Vergé pour poser des estampes, couvert en
    parchemin. — Autre volume de papier réglé.

482 Deux grands volumes, papier blanc et papier bleu,
    ayant servis à mettre des gravures.

ESTAMPES MODERNES

483 **Adam** (P.). La maladie de Las Casas, d'après *Hersent*.

484 **Agricola.** Têtes à l'eau forte, etc. 6 p.

485 **Aligny** (Th.). Campagne de Rome. — Royaume de Naples. 2 paysages à l'eau forte, ép. chine.

486 — Vues des sites les plus célèbres de la Grèce antique, 10 pl. et texte in-fol., chine, ex. de souscription.

487 **Bettelini.** Statue de Mars, vue de dos et autre. 2 pièces.

488 **Brascassat.** Bergers près de ruines dans la campagne de Rome; au-dessous, étude de tête de mouton. Superbe eau forte. Condition magnifique. Très-rare.

489 **Cooke** (E. W.). Shipping and Craft. Vaisseaux, chaloupes, etc., 4 livraisons de 4 p.

490 **Daubigny**, 1855. Le Buisson de Ruysdael, d'après le tableau au Musée du Louvre, eau forte.

491 **Dien.** Le Tasse à S. Onofrio, d'ap. *Robert Fleury*. Ép. avant la lettre, noms d'artistes à la pointe.

492 — Martyre de Sainte-Cécile, d'ap. *J. Romain*.

493 **Ducis** (d'ap.). La peinture Van Dyck, peignant son premier tableau, par *Ribault*. — La sculpture properzia de Rossi, par *Sixdeniers*. 2 ép. d'artistes.

494 — La Peinture, la Sculpture, la Poésie, la Musique. 4 p. in-4, ép. sur chine, de la galerie du Luxembourg.

495 **Duncan**. The Yung Recruit, d'ap. *Thom.*

496 **Dupont** (Henriquel). Le Naufrage. Avant toute lettre, toute marge.

497 **Dupré** (Jules). Le jeune Pâtre. Eau forte sur chine.

498 **Fielding** (Newton), 1831. Eaux fortes d'Animaux, 6 p. sur chine.

499 **Forster**. Les Trois Grâces, d'après *Raphaël*, superbe ép. avant la lettre, chine (no 52).

500 **Fradelle** (d'ap.). Marie, reine d'Écosse, et Chatelar, par Duncan, ép. chine. *Proof.*
— Leicester et Amy Robsart, par Turner.
— La reine Élisabeth et Lady Paget, par Say.
— Le Chevalier noir et le Moine de Copmanhurst, par Say. *Proof.*

501 **Gelée**. Daphnis et Chloé, d'après *Hersent*. Sup. ép. d'artiste, chine.

502 **Girard**. L'enlèvement de Rebecca, d'ap. *Coignet*, ép. avant la lettre.

503 **Girardet**, 1812 (Ab.). Triomphe de Trajan, d'ap. *Jules Romain*, magnifique ép. d'essai.

504 **Haldenwang**. Chute d'eau, d'après *Ruysdael*, magnifique ép. avant la lettre sur chine, grande marge.

505 **Henriquez**. Les Effets du Vin, d'ap. *Schenau*, avant la lettre.

506 **Ingouf** Je. La Vierge au linge, d'ap. *Raphaël*, avant la lettre.

507 **Jazet**. Le duc d'Orléans passant en revue le
1er régiment de hussards, d'ap. H. Vernet, toute
marge.
— Le Soldat de Waterloo, d'ap. H. *Vernet*, avant
la lettre.

508 **Laugier**. Le Zéphir, d'après *Prudhon*.

509 —Daphnis et Chloé, d'ap. *Hersent*, avant la lettre.

510 **Le Dieu** (Ph.). Les Chiens sortant du chenil. —
Le Cerf aux abois. 2 grandes et belles pièces en
manière noire, avant toute lettre.

511 —Chien d'arrêt. — Chien courant. 2 p. par Hurli-
man. — 2 autres chiens de chasse, par Geoffroy,
ép. avant la lettre, 4 p.

512 **Lorichon**. Sainte Famille, d'après *Raphaël*; le
petit Jésus bénit le petit saint Jean. Superbe ép.
avant la lettre d'une des belles productions de la
gravure moderne.

513 **Maile**. Les Joueurs de Cartes, manière noire.

514 **Massard** (R. U.). Saint Paul faisant brûler les
livres à Éphèse, sup. ép. d'artiste, chine.

515 **Mecou**. Psyché — Ascagne. 2 jolies p., d'ap. de
Boisfremont, avant la lettre.

516 **Meissonnier**. Le Fumeur, eau forte pure de la
plus grande rareté ; la planche est grande, et au-
dessus se trouve une esquisse du fumeur non
achevée ; à gauche, scène militaire : un capitaine
debout dicte une lettre à un autre assis ; le cuivre
a 174 millim. de haut, en travers pas complet.
Il n'existe que 2 ép. de cet état ; au bas de la main
de l'artiste, 1er *M*. au crayon rouge.

517 Morghen (R.). La Poésie, d'ap. *Raphaël*, très-belle ép. avant le titre.

518 Murillo (d'ap.). L'Annonciation, par Lefèvre. — L'Échelle de Jacob, par Kernat, 2 p.

519 Prudhon (d'ap.). Triomphe de Napoléon, par *Roger*.

520 — La Grotte, très-belle ép., par *Roger*, avec la tablette au bas.

521 — L'Adresse de Merlin, graveur. — Aminta. — Abrocome. — Daphnis et Chloé. — la Vertu aux prises avec le Vice. — Phrosine. — Virginie. — A la Mémoire de Prudhon. — Le Rêve du Bonheur, etc. 13 p., pourra être divisé.

522 Raimbach. Le Commissionnaire infidèle (*The Errant Boy*), d'ap. Wilkie, sup. ép., lettre grise sur chine, toute marge.

523 — Distraining for rent, d'ap. Wilkie, sup. ép., toute marge.

524 Ribault, 1793. Saint François, d'après Rivera, 1798 Saint Barthelemy, d'ap. Rivera, terminé par Ingouf. — La bonne Aventure. — 1817 Pâris et OEnone, d'ap. V. der Werf, chine. — 1819 La Leçon de Guitare, d'ap. Metzu, chine. — Le Couronnement d'Épines, par Titien. Ces pièces sont toutes ép. d'artistes. Seront divisées.

525 Richomme. La Sainte Famille, d'après Raphaël, magnifique ép. d'artiste sur chine, avec *Richomme del et sculp., 1822,* à la pointe ; très-rare de cet état.

526 — Neptune et Amphitrite, d'ap. *J. Romain,* avant la lettre.

527 — Neptune et Amphitrite, avec la lettre.

528 **Rosaspina**. Le Christ mort sur les genoux de la Vierge, d'après *Corrége*, sup. ép.

529 **Tardieu**. Triomphe de Judith, d'ap. *Allori*, sup. ép. de la gal. de Florence.

530 **Vernet** (d'ap. Carle). Maréchal ferrant anglais, — français. — Cheval sortant de l'écurie. — Le Prince, cheval de chasse anglais. — Cheval pansé à l'anglaise, 5 p., par *Debucourt* et Coqueret.

531 **Wacquez**. Une Mère et sa Fille en pélerinage, d'ap. de Senevas. Manière noire avant toute lettre.

LITHOGRAPHIES, ETC.

532 **Boissieu** (d'ap.). 13 p. diverses.

533 **Coignet**. Cours complet d'études de paysages. 24 p. in-fol. Lithog.

534 **Gavarni**. Études d'enfants. 12 p. Rares.

535 **Granville**. Grande course au clocher académique. 3 grandes feuilles contenant nombre de célébrités.

536 — Le dimanche d'un bon propriétaire, ou les tribulations de la petite propriété. 12 p. coloriées.

537 **Hubert**. Principes élémentaires de dessin. 6 p. Lithog. contenant 24 motifs.

538 **Isabey** (Eug.). Souvenirs de Caen, Rouen, Bretagne. 5 p. lithog. in-fol.

539 — Six marines 1833. Lithog. in-fol.

540 **Lami** (Eug.). Souvenirs de Londres, 1826. 12 p. — Souvenirs de Bruxelles, par Madou. 7 p. En tout, 19 p. coloriées.

541 **Langlois** (d'ap.). Voyage en Espagne, Catalogne, avec texte de la campagne, dédié au maréchal Gouvion-S.-Cyr. 6 livraisons de 4 p. lithog. sur chine. In-fol.

542 **Marin-Lavigne.** Louis-Philippe prêt à saigner son courrier, d'ap. Johannot, avant la lettre. Chine.

543 — La justice et la vengeance divine, d'ap. Prudhon. — Retraite de Moscou. — Chien de la forêt d'Orte. 3 p. sur chine.

544 — Jemmapes. — Valmy. 2 p., avant la lettre. Sur chine.

545 **Michallon** (d'ap.). Mort de Roland. — Combat des Centaures et des Lapithes. 2 paysages lithog., par Pic de Léopold. Chine.

546 **Perrot** (Ferd.). Scènes maritimes. 8 p.

547 **Raffet.** Pièces inédites, costumes militaires, portraits et sujets. Lithog. sur papier, sur pierre, à l'estampe, etc. 26 p. tirées à 100 ép.

548 **Vernet** (H.). Mail Coach. Ép. sur papier brun, rehaussée de blanc. — Louis-Philippe sortant du Palais-Royal, 31 juillet 1830, et autres, d'ap. Horace.

549 **Weber.** Gustave Wasa, d'ap. Hersent. Sup. lithog. avant la lettre. Chine.

550 Caricatures. — Actualités. — Les Portiers de Paris. La Crinolomanie. — Vacances, etc. 19 p. coloriées.

551 Lithographies, Paysages, etc. 29 p.

DESSINS

552 **Anonyme.** Aquarelles de fleurs et fruits sépa-
rés, par bouquets, groupés et en vases. 30 p.

553 **École anglaise.** Chaumière écossaise.

554 — Chaumière et église.

555 — Fabriques sur les bords d'une rivière. Effet de
soleil.

Ces trois pièces sont aquarelles.

556 **École française.** Combat naval à l'encre.

557 — Scène de la peste de Marseille. Esquisse encre
et bistre.

558 **École hollandaise.** 4 dessins : Intérieurs rus-
tiques et paysage à l'encre de chine.

559 **École italienne.** Trois figures en extase.
Bistre.

COLLECTION DE DESSINS HISTORIQUES

560 La France protectrice de la religion. Projet de plafond. — Bataille de Louis XII. 2 croquis au crayon,
par *Blondel.*

561 — Le concile de Nantes sous Honorius II. Dessin
de la fin du XVIIe siècle, à la plume, lavé.

562 — Seigneur à cheval, costume du commencement
du XVIe siècle. A la plume. Fragment.

563 — Costume de Tournois, époque de Charles IX.
École du *Rosso.* Lavé à l'encre.

564 — Costume de hallebardier de carrousel, attribué
à *Callot.* Pierre d'Italie.

565 — Costume de ballet, époque Louis XIII, par *Ab. Bosse*. Plume lavé à la pierre bleue.

566 — Portrait de deux jeunes enfants tressant des fleurs, costumes Louis XIV. Croquis à la plume, lavé.

567 — Portrait d'un prince à cheval, époque Louis XIV. — Croquis pour port. en pied d'un maréchal de France, manière de *Largillière*. 2 crayons, noir, rehaussé de blanc.

568 — Deux projets de médailles : Une alliance, par *Séb. Leclerc*. Sanguine lavée. — Roi triomphant sous un dais. Crayon lavé.

569 — Dessin pour la pompe funèbre faite dans l'église des Missionnaires étrangers, faubourg Saint-Germain, à Paris, pour l'inhumation du cœur de Mlle de Bouillon, décoré et peint par *P. Sevin*, en 1682, à la plume et lavé. Curieux dessin.

570 — Trois grands dessins pour la fonte d'une statue équestre de Louis XIV, lavés à l'encre et aquarelle.

571 — Portrait, médaillon profil de Louis XV, par *Overlaet*, 1759. A la plume, formé d'un trait ovale.

572 — Portrait équestre de Louis XV, par *Ch. Parrocel*. Croquis plume, crayon.

573 — Première pensée du portrait du maréchal de Saxe, par *Nattier*. Croquis crayon. — Portrait équestre du maréchal de Lowendal, par *Casanova*. Bistre rehaussé de blanc.

574 — Médailles du règne de Louis XV, pour la prise de Menin, en 1744, et de Tournay, en 1745, par *Bouchardon*. 2 croquis sanguine.

575 — Pompe funèbre d'un personnage de la famille
royale, époque Louis XV. A l'encre.

576 — Tête de coureur mulâtre, costume Louis XV,
par *Oudry*. Beau dessin aux trois crayons. — La
leçon de manége, par *Ch. Parrocel*. Croquis sanguine. — Tombeau de Vleughels, à Rome, par
Slodtz. Contre-épreuve sanguine. 3 dessins.

577 — Portrait de profil du jeune roi Louis XVI. Dessin du temps. Crayon noir et blanc.

578 — Portrait en pied de Louis XVI, par *Callet*. Première étude pour le portrait officiel qui fut gravé
par Bervic. Croquis crayon noir et blanc.

579 — Une fête en l'honneur du mariage de Louis XVI
et de Marie-Antoinette. Grand et magnifique dessin. Aquarelle et gouache, intéressant et habile
comme le plus brillant Cochin.

580 — Projet de statue équestre d'Henri IV. Au pied
du monument, la France couronne le buste du
jeune Louis XVI. 2 grands dessins, par *Peyre*, vu
devant et derrière. A l'encre.

581 — Projet de catafalque royal du temps de
Louis XVI, par *Delafosse*. A l'encre.

582 — Trait de générosité de la jeunesse de Louis XVI.
— Portrait de M. le comte de Provence, en colonel de dragons. 2 dessins, par *Boze*, bistre. — Dessin de berline pour la reine. Aquarelle du temps.
3 p.

583 — Incendie de l'hôtel de ville, à Aix en Provence,
en 1780, par *P. Grégoire*. Croquis crayon noir. —
Portrait d'homme aux trois crayons, et du dessi-
nateur *Pannetier*, par lui-même, en 1788.

584 — Deux grands dessins allégoriques relatifs aux ballons et à Montgolfier. Sanguine et crayon.

585 — Le serment du Jeu-de-Paume, dessin du temps. Pierre d'Italie.

586 — Le clergé à l'Assemblée constituante, dessin du temps, dans le goût de Desrais. Plume et bistre.

587 — Minerve place le buste de Necker entre ceux de Sully et de Colbert, par *Gaultier-Dagoty*. Joli dessin lavé.

588 — La municipalité rétablie et la garde nationale créée, par *Gaultier-Dagoty*. Croquis à la plume.

589 — Trois dessins de costumes de femmes, vers 1789, et une caricature d'actrice, par M. *Denon*.

590 — L'Église, la Noblesse et le Parlement, submergés par la tempête révolutionnaire, par *Desrais*. Très-beau dessin lavé à l'encre.

591 — Projet de monument pour le tombeau de l'abbé de l'Épée, par *P. Grégoire*. Lavé.

592 — Les malheurs de Louis XVI, en 8 sujets, par *Desrais*. Croquis à la plume. In 8.

593 — Portrait de Lepelletier de Saint-Fargeau. Dessin très-fin au bistre, sur vélin, rond.

594 — Deux Sans-Culotte trinquant avec une Tricotteuse. Curieux et très-vigoureux dessin du temps. Sanguine lavé de couleur.

595 — Portrait de Charlotte Corday, Contre-épreuve d'une jolie sanguine, du temps (Type d'Hauer.)— — Réjouissance du peuple autour de l'égout où a été jeté le cœur de Marat. A la plume et lavé. 2 p.

596 — La Femme menaçant de faire sauter l'Hôtel de-
Ville, par *Vincent*. Pierre d'Italie, rehaussée de
sanguine.

597 — Soldats de la commune de Paris, par *Vincent*.
Pierre d'Italie.

598 — Monument à la Liberté, à Dôle, par *Attiret*. A
l'encre de chine.

599 — L'Homme libre, par *Callet*. Crayon noir. Très-
terminé.

600 — Allégorie à la Constitution de l'an III, par *Callet*.
Grisaille, gouache.

601 — Charge d'un Incroyable et sa Femme, à la
plume, par *Debucourt*.

602 — Intérieur d'un café chantant, manière de *Debucourt*. Plume lavé.

603 — Jeune Femme prenant du chocolat et écoutant
un galant, par *J.-D. Charpentier*. Joli dessin à la
plume lavé.

604 — L'Amitié chasse les recors qui viennent trou-
bler l'artiste dans son atelier, par *Lafitte*. Charge
exécutée d'une plume énergique.

605 — Deux projets de monument à Desaix, dont un
par *Hennequin*. Plume bistre et encre.

606 — Le général Alexandre Dumas, le 4 germinal
an V, par *Desrais*. Croquis à la plume.

607 — Titre pour l'expédition d'Égypte ; les Français
instruisant des Arabes. Bistre. — Le retour d'É-
gypte. — Riche composition allégorique. Croquis,
pierre d'Italie.

608 — Bataille de Zurich. A l'encre de chine.

609 — Cérémonie dans les Invalides au retour de Ma-
rengo. Charmant petit dessin du temps, terminé à
l'encre.

610 — Hommage aux armées françaises, par *Callet.*
Vigoureux dessin crayon noir et sanguine.

611 — Le premier Consul à cheval, par *Callet.* Grand
dessin crayon noir et blanc. La tête du cheval
manque.

612 — Le premier Consul visite un général mourant.
A l'encre de chine, attribué à *Isabey.*

613 — Le premier Consul donnant des ordres au commencement d'une bataille. Croquis du temps,
pierre d'Italie.

614 — Les deux Trompettes de la Renommée. Plai-
sante charge bien exécutée, sur les actualités, par
Carafe. Lavé.

615 — Promenade publique vers 1804. Aquarelle.

616 — Portrait de *Vien* le fils et de sa femme. 1re pensée du tableau du Musée de Rouen. Croquis à la
plume.

617 — L'Empereur distribuant les Aigles, 5 décembre
1804. Grande sépia terminée pour la gravure.

618 — Grand sceau des armes de l'Empire français.
— Grands costumes de cérémonie du roi de Naples
Joachim; — du roi Louis de Hollande; — du roi
Joseph d'Espagne; — d'E. Beauharnais; — de Ber-
thier, prince de Wagram. 6 dessins lavés à l'encre.

619 — Portrait équestre du prince Eugène. Dessin à la
sépia sur le trait, à l'eau forte. — Costume d'un
Grenadier de la Garde. Crayon. — Voiture. Aquarelle. 3 p.

620 — Portrait du prince de Talleyrand, par *Callet*.
Beau dessin aux trois crayons. Grandeur naturelle.

621 — L'Empereur accordant à Mme d'Hasfeldt la grâce
de son mari. Même composition au verso. Crayon
noir et blanc. — Même sujet, par Mlle *Delaval*.
Pierre d'Italie.

622 — Le même sujet, par *Meynier*. Mine de plomb
et bistre.

623 — Bataille d'Austerlitz, d'après *Gérard*. Sepia.

624 — Honneur au courage malheureux, par *Debret*.
1re pensée du tableau de Versailles. A l'encre.

625 — Napoléon haranguant les chefs Bavarois. 1re pensée du tableau de Versailles. A la plume.

626 — Napoléon passant le Rhin avec son armée.

627 — La Paix entre Napoléon et l'Empereur d'Autriche. 2 grandes esquisses à l'huile sur papier, par
Coupin de la Couperie. Sujets ronds, couleur ca-
mées.

628 — Bataille de Wagram. Bistre.

629 — Feu d'artifice sur la Seine. A l'encre.

630 — Le champ de bataille d'Eylau, par *Debret*. Croquis, pierre d'Italie.

631 — Même sujet, d'après *Gros*. En bistre.

632 — Entrevue de Tilsit, par *Guill. Boichot*. Bas-relief
à l'encre.

633 — Mariage de Napoléon et de Marie-Louise dans
Notre-Dame de Paris. Dessin très-fini au crayon,
et très-précieux pour le grand nombre de portraits,
par *Marlet*.

634 — Fête au Champ de Mars pour le mariage de
l'Empereur. Gouache par *Grave*.

635 — Projet d'Arc de Triomphe à la barrière de l'Étoile (à Napoléon, à Marie-Louise, la ville de Paris). Croquis à la plume.

636 — Portrait de l'Empereur. Lavé à l'encre. — Du roi de Rome. Mine de plomb. — Le berceau du roi de Rome, soutenu par des aigles. Plume et bistre. 3 p.

637 — La Famille Impériale, l'Empereur, l'Impératrice et le roi de Rome, par *Desrais*. Plume lavé.

638 — L'Empereur allant voir son fils dans son berceau. Joli petit dessin du temps, plume, bistre, rehaussé de blanc, bel effet de lumière.

639 — La reine Hortense à Saint-Denis. Joli dessin in-fol., en bistre.

640 — L'Empereur visitant les travaux du Louvre. Curieux dessin à la plume, par *Marlet*.

641 — Neuf dessins reproduisant des compositions exécutées par un officier supérieur français, sur les murs de sa prison en Espagne. Croquis à la plume.

642 — Défense de la redoute, d'après Horace Vernet. Lavé. — Statue d'un roi guerrier. Mine de plomb. — Deux médailles, une pour la bataille d'Esling. A la plume. — Projet d'une poignée d'épée, et portrait de Perlet, dans l'artiste. Crayon. 5 dessins.

643 — Napoléon et son Etat Major, par *Alph. David*. Crayon. — Vieux magistrat lisant une sentence au jeune Bonaparte, prisonnier. — Napoléon signant la nomination d'un jeune magistrat. 2 bistre, par *H. Pottin*. — Projet d'un portrait d'enfant en costume de hussard. Mine de plomb. 4 p.

644 — Le pansement sur le champ de bataille. — Après la bataille. — Convoi du lancier. 3 sujets militaires à l'encre terminés.

645 — L'École polytechnique aux Buttes-Chaumont, en 1814. Belle aquarelle du temps.

646 — Eugène, Poniatowski et 23 généraux de l'Empire à l'entour. — Trophées des victoires impériales. 2 dessins, bistre.

647 — Napoléon se séparant de sa garde, à Fontainebleau. Sepia, d'après *H. Vernet*.

648 — *O gro maréchal*, charge sur la grossièrelé du maréchal Augereau envers l'Empereur, par *Lafitte*. A l'encre.

649 — L'Armée Française abandonne l'Italie et rentre en France. Beau dessin à la plume, par *Marlet*.

650 — Retour de l'île d'Elbe. Au bistre terminé.

651 — Les habitants de Grenoble apportant à l'Empereur les portes de leur ville, par *Drolling*. Joli petit croquis bistre, rehaussé de blanc.

652 — Le Vieux Soldat et l'ombre de Sainte-Hélène. A l'encre terminé.

653 — Les époques général, Consul, Empereur, Abdication, — Toulon, Arcole, Austerlitz, Sainte-Hélène. 2 dessins au bistre.

654 — Portrait à cheval de Blucker, général en chef de l'armée prussienne. Mine de plomb.

655 — Projet du vase offert en 1815, par la ville de Marseille, à l'amiral anglais Exmouth. Sanguine sur papier calque.

656 — Dix petites scènes de l'Histoire de France, depuis Charles le Simple jusqu'à Louis XVIII, par *Tellier*. Mine de plomb. — Le soldat laboureur, d'après H. Vernet, par Alp. David. Plume lavé. — Soldat faisant manger un invalide sans bras. Grand dessin à l'encre. — Cavalcade et autre sepia. 5 p.

657 — Croquis de portraits de femmes, par *Gerard*. A l'encre.

658 — Le jardin public. A la plume.

659 — Les armoiries de France. Projet de fronton lavé. — Louis XVIII, guérissant les maux de la France, par *Mlle Delaval*. Croquis bistre, rehaussé de blanc.

660 — Le buste de Louis XVIII, entouré d'attributs et de figures allégoriques, par *P. Grégoire*. Plume lavé.

661 — La famille Royale, en 1814, par *Desrais*. Plume lavé.

662 — Le comte d'Artois à cheval, par *Desrais*. Plume lavé pour imagerie de 1814.

663 — Portrait de Mad. la duchesse d'Angoulème. Crayon et estompe.

664 — Le duc de Berry et le palais de Versailles, par *Desrais*. Plume lavé. 2 p.

665 — Le duc d'Orléans et le palais Royal, par *Desrais*. Plume lavé. 2 p.

666 — Louis XVIII recevant une députation. — Garde du corps à cheval, en uniforme. 2 mine de plomb. — La messe du Riche, la messe du Pauvre à son décès. Lavé.

667 — L'École d'écriture des vétérans, charmant dessin à la plume, par *Marlet*.

668 — Arrivée à Fontainebleau de Mad. la duchesse
de Berry. Croquis, plume et bistre.

669 — Naissance du duc de Bordeaux, par *Desbœufs*.
Croquis, plume.

670 — Songe de Mad. la duchesse de Berry, par
Mlle Delaval. Croquis sepia.

671 — Le Baptême du duc de Bordeaux, représenta-
tion très-intéressante de la cérémonie dans Notre-
Dame de Paris. Dessin du temps à la plume, par
Marlet.

672 — Mad. la duchesse de Berry enseigne à son fils
le goût des arts, par *Alph. David*.

673 — Un Prince visitant une manufacture, bon dessin à la plume, par *Marlet*.

674 — Le Théâtre en plein vent, un montreur de
singes. Très-joli dessin, par *Marlet*, sepia.

675 — Le Peintre de portraits, charge d'une peinture
antique. Au trait, à la plume.

676 — Portrait de Barraband, le peintre des oiseaux,
par *Romagnesi*. Pierre d'Italie.

677 — Portrait de *Van Os*, peintre de fleurs, par lui-
même. Crayon noir et croquis d'oiseaux. 2 p.

678 — Le Portrait de Famille, attribué à *Redouté*.
Crayon de Pastel.

679 — Scène des barricades de juillet 1830, par *Alph.
David*. Sepia.

680 — Le blessé des barricades de 1830, par *Pannetier*. A l'encre. — Le chien du Louvre. Bistre.

681 — Louis-Philippe sortant de l'Hôtel-de-Ville, attribué à *H. Vernet*. Croquis, pierre d'Italie.

682 — Louis-Philippe et la garde nationale en **1830**. Bon dessin à la plume, par *Marlet*.

683 — Pillage de Saint-Germain-l'Auxerrois en **1831**. Dessin très-curieux du temps, à la plume, par *Marlet*.

684 — Deux revues de l'empereur Nicolas. — Combat de grenadiers autrichiens contre des cavaliers. 2 croquis, par *P. Lecomte*. Mine de plomb et lavé.

685 — Deux feuilles de costumes militaires étrangers, vente d'*H. Vernet*, Versailles, **1852**. Aquarelle.

686 — Portrait du lieutenant d'état-major La Planche, vente d'*H. Vernet*, Versailles, **1852**. Croquis, mine de plomb, avec explications manuscrites.

687 — Intérieur de corps-de-garde de la garde nationale. Bon dessin à la plume, par *Marlet*.

688 — Portrait du docteur H.-J. Petroz, en garde national, par *Lecomte* (**1837**). Mine de plomb.

689 — Le jardin des Tuileries, jeux d'enfants. Charmant dessin à la plume, par *Marlet*.

690 — Un bourgeois introduisant son fils chez un artiste à la Buridan, par *Alph. David*. Pierre d'Italie.

691 — Le Magnétiseur. Curieux dessin à la plume, par *Marlet*.

692 — Le garde mobile, en **1848**, par *Alph. David*. Croquis lavé.

693 — Les Montagnards de Sobrier, par *Darjou*, **1848**. Croquis aquarelle.

694 — Portrait du prince président de la République,
il a été lithographié. Crayon noir.

695 — Charge de peintres dessinant d'après le mo-
dèle vivant. Croquis, crayon noir.

696 — Histoire de la guerre d'Orient, frontispice, par
Beaucé. Mine de plomb.

697 — Le château de Plaisance, à Sébastopol. Aquarelle. Charge militaire.

DESSINS CLASSÉS PAR MAITRES

698 BANDINELLI (Baccio). Enée portant son père
Anchise. A la plume.

699 BLOEMAERT (F.) Saint Jean prêchant. A la
plume légèrement lavé de pierre bleue, *signé*
avec la gravure en contre partie.

700 BOITARD 1731. Le débarquement du Dieu dra-
gon, nombre de figures et les prêtres l'attendent
sur le rivage. Au bistre, *signé*, très-beau.

701 BOUCHER (F.). Grand repas dans une riche or-
donnance, peut-être la Cène. Au bistre.

702 CAMBIASO. Diane, au revers martyre d'une
Sainte. A la plume.

703 DAULLÉ. Jeune fille se faisant becqueter par son
oiseau qu'elle a tiré de sa cage, d'après Boucher.
Au trois crayons avec cette devise : *Illud fit ami-
titia.*
— Tête de jeune fille avec ruban bleu dans ses
cheveux, noué sous le menton. Au crayon de
couleurs, on lit : *Fecit 1783.* (Attribué.)

704 DOMINIQUIN. La Renommée. Au bistre, coupé octogone.

705 FRAGONARD. Jeune dame causant avec son perroquet. Charmant dessin sanguine. *Signé.*

706 FRANCO. Institution de la Toison-d'Or. A la plume.

707 JORDAENS. Saint Evêque recevant le Saint-Esprit. Vigoureuse aquarelle.

708 — Servante apportant des fruits et volailles devant une porte ouverte d'une très-riche décoration d'architecture. Superbe et vigoureuse aquarelle.

709 LINGELBACK. Scène de naufrage. A l'encre.

710 MANSSON. Cathédrale d'Orléans, vue de côté. A l'encre de chine, rehaussé de blanc.

711 MENGS (R.). Saint Pierre enlevé au ciel dans une gloire d'Anges, plafond peint à Rome. Encre et bistre, rehaussé de blanc, très-beau.

712 MICHEL ANGE Buonaroti, têtes grotesques et difformes. 4 superbes dessins à la sanguine du cabinet Crozat.

713 MOLA (F.). Annonce aux bergers. Croquis à la plume.

714 MURILLOS. Croquis à la plume. Vierge tenant Jésus, debout sur le monde, entourée d'anges. Lavé.

715 OUDRY. Combat de sept cigognes. Sup. dessin crayon noir, rehaussé de blanc. *Signé* 1750.

716 OWEN. Vaisseau et frégate passant devant Gibraltar. Vigoureuse aquarelle.

717 PALME. Etudes de figures à la plume.

718 PARMESAN. Croquis de figures à la plume.

719 PIERRE. Scènes villageoises; le Printemps, le labour et la danse. — L'été, la tonte des moutons. 2 charmants dessins à l'encre de chine. *Signés* 2 fois.

720 POLIDORE. Cinq figures dont deux s'embrassent. Au bistre.

721. RAPHAEL (École de). Académie d'homme. À la pierre d'Italie.

722 — Les préparatifs du martyre de sainte Catherine. Beau dessin au bistre, rehaussé de blanc.

723 RAYMOND. Croquis de paysages sanguine et crayon noir. 12 p.

724 ROLLAND. Croquis, vues du Hâvre, Honfleur, etc. 17 dessins, crayon noir, rehaussés de blanc sur papier bleu.

725 ROMAIN (Jules). Jupiter foudroyant Semelé par son éclat. Beau dessin au bistre.

726 SAINT-AUBIN (Gabriel). Baptême du Dauphin. Très-beau dessin à la sanguine.

727 SNYDERS. Cerf aux abois, tenu par trois chiens. Très-énergique, au bistre.

728 TETH (L.). Jeunes filles à mi-corps, costumes Louis XV poudrées. Aquarelles gouachées. 2 p.

729 TIEPOLO. Doge assis, auquel une femme apporte une tête. Sup. dessin à l'encre de chine.

730 — Cléopatre va mettre une perle dans son breuvage, riche composition avec nains, etc. Superbe dessin à l'encre de chine.

731 TUCKER (J.-R.). Marine. Aquarelle.

732 WATTEAU. Dames assises, couchés et debout. 4 jolis dessins sanguine. Pourra être divisé.

733 **WATTEAU** d'après Van Dyck. Portrait de Jean Snellinx, peintre. Sanguine et crayon noir.

734 **WOUVERMANS.** Cheval mangeant dans un auge près d'une chaumière, le Paysan dort sur le devant, à droite. Croquis sanguine, plume et lavé.

735 **ZUCCHERO.** Le martyre d'une Sainte. Riche composition au bistre.

736 — Etudes, tête d'Hommes et Mains jointes. Crayon noir et rouge, très-beau.

737 Croquis de divers écoles. 84 sur 62 feuilles.

738 Dessins. Ecole française et autres. 106 p. Seront divisés.

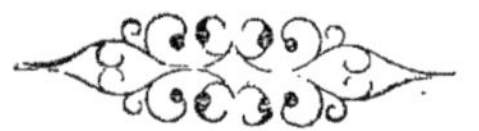

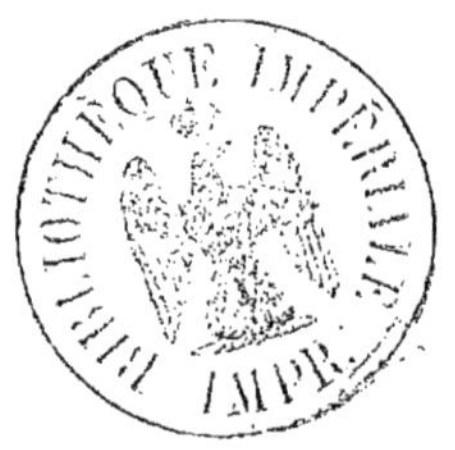

RENOU et MAULDE, Imprimeurs de la Compagnie des Commissaires-Priseurs, 144, rue de Rivoli. 11741

9 782329 052090